SORG VIR JOU EMOSIES EN JOU VERSTAND

BELANGRIKE GIDS TOT JOU GESONDHEID EN GEESTELIKE WELSTAND .

2

Vrolik

3

5

VIR

Watter eienskappe kenmerk geestesgesondheid die akkuraatste?

Alle aspekte van ons fisiese, geestelike en geestelike welstand word as deel van ons geestesgesondheid beskou. Dit beïnvloed ons houding, emosies en gedrag. Dit beïnvloed ook hoe ons stres hanteer, met mense omgaan en goeie besluite neem. Van adolessensie tot volwassenheid behoort almal goeie geestesgesondheid te handhaaf.

Wat is geestesiektes?
baie geestelike probleme

- Woede.
- Verduidelik wat woede is en gee wenke oor hoe om dit op 'n produktiewe en gesonde manier te hanteer,
- bipolêre versteuring,
- liggaams dimorfiese versteuring (BDD),
- grenspersoonlikheidsversteu ring (BPD), angs en paniekaanvalle, depressie,
- Liggaamsdismorfiese versteuring (BDD) en so aan.
- Dissosiasie en verwante afwykings.
- eetprobleme

Algemene mites oor geestesongesteldheid

- "Jong mense en kinders het nie sielkundige probleme nie" is 'n wydverspreide mite.

- Daar word beraam dat meer as ses miljoen jeugdiges in die Verenigde State 'n geestesongesteldheid het wat 'n persoon se vermoë om by die huis, skool of in die gemeenskap te funksioneer, ernstig benadeel.

- Mite: "Diegene wat geestesgesondheidsorg benodig, moet in instellings geskei word."
- Feit: Met 'n verskeidenheid ondersteuningsdienste, behandelings en/of medikasie is die meeste mense nou in staat om vol lewens in hul gemeenskappe te lei.

- Die idee dat iemand wat 'n geestesongesteldheid gehad het, nooit normaal kan wees nie.

- Mite: "Mense met geestesongesteldheid is gevaarlik."

- Die meeste mense met geestesongesteldheid pleeg nie geweldsmisdade nie. Wanneer geweld voorkom, is dit gewoonlik om dieselfde redes as in die algemene bevolking, soos gevoelens van teistering of oormatige alkohol- en/of dwelmmisbruik.

- Mite: "Mense met geestesongesteldheid kan swak werk doen, maar hulle is nie gekwalifiseer vir werklik belangrike of verantwoordelike werk nie. »

- Feit: Afhangende van individuele vermoëns, agtergrond en motivering, is mense met geestesversteurings, soos almal anders, in staat om op enige vlak te werk.

Wat is 'n illustrasie van hoe die verstand en liggaam in wisselwerking is?

Jou gedagtes en gevoelens is verbind. En hoe dink jy kan dit jou gevoelens verander. Hoe jou liggaam op stres reageer, is 'n voorbeeld van hierdie verstand-liggaam-konneksie. Gereelde spierspanning, pyne, hoofpyne en maagpyne kan veroorsaak word deur konstante angs en stres wat verband hou met werk, geld of ander probleme.

Geestesongesteldheid

Dit word soms geestesversteurings genoem en is 'n breë kategorie van toestande wat jou emosies, gedagtes en gedrag beïnvloed.

Enkele voorbeelde van geestesiektes is depressie, angsversteurings, skisofrenie,

- eetprobleme
- en kompulsiewe gedrag.
- skending van menseregte,
- Rassisme,
- En stigma is ook algemeen.
- Die mees algemene geestesiektes is angsversteurings, depressie, bipolêre versteuring, PTSV en ander versteurings.
- neurologiese probleme.
- Skisofrenie.
- eetprobleme
- dissosiatiewe versteurings
- En ontwrigtende gedrag.

Wat veroorsaak sielkundige probleme?

Daar is verskeie moontlike oorsake van geestesgesondheidsprobleme. Terwyl sommige mense meer deur sekere dinge as ander geraak word, sal baie mense waarskynlik deur 'n komplekse kombinasie van omstandighede geraak word.

Die volgende kan byvoorbeeld bydra tot 'n tydperk van swak geestesgesondheid:

• Sosiale isolasie of eensaamheid, kindermishandeling, trauma of verwaarlosing, vooroordeel en stigma, insluitend rassisme

• Armoede, sosio-ekonomiese swaarkry of verlies van skuld (verlies van 'n geliefde)

- Erge of langdurige stres, langtermyn fisiese gesondheidsprobleme, werkloosheid of werkverlies
- behuisingsprobleme of haweloosheid
- Word iemand se langtermyn opsigter
- Alkohol- en dwelmgebruik Ernstige trauma in die volwasse lewe, p. B. 'n militêre operasie, deelname aan 'n groot gebeurtenis waar lewe gevrees is of die slagoffer van 'n geweldsmisdaad

Hoekom is dit belangrik om 'n geestesgesondheidswerker te sien?

Dit verg moed om geestesgesondheidshulp te soek. ook nuttig

Verminder vatbaarheid vir verskeie gesondheidsprobleme.

Ander fisiologiese probleme kan voortspruit uit sielkundige probleme. Vetsug, spysverteringsprobleme en ander siektes word geassosieer met slaaptekort en slaapstoornisse. Jou risiko om ander gesondheidsprobleme te ontwikkel word verminder as jy so gou as moontlik behandeling soek.

Hoe kan ek kundige hulp kry?
Waar om gelisensieerde geestesgesondheidswerkers te vind - Geestesgesondheid...
As jy of iemand vir wie jy lief is gereed is om professionele hulp te soek, oorweeg hierdie alternatiewe vir die PSSM-program.

- Kontak jou huisdokter.
- Raadpleeg 'n geestesgesondheidspesialis.
- Vind 'n gesertifiseerde deskundige vennoot.
- Bel dadelik 'n psigiater.

Hoe weet jy of iemand gespesialiseerde hulp nodig het?

- Teken dat jy 'n privaat konsultasie wil hê
- gevoel van spanning
- Ek voel oorweldig deur alles in die algemeen.

- Jy dink te veel en vind dit moeilik om jou gedagtes te 'afskakel'.
- Ek is depressief en huil meer as gewoonlik.
- Word jy meer gereeld kwaad of vind jy dit moeilik om jou emosies te beheer?
- Slaap minder of meer as gewoonlik.

Die voordele van meditasie vir geestesgesondheid

Deur op die huidige oomblik te fokus, bewustheid en aanvaarding te bevorder, en emosionele selfbeheersing te ontwikkel, verbeter bewustheidsmeditasie geestesgesondheid.

Ek bly fokus op die hier en nou

Om op die huidige oomblik te fokus is een van die fundamentele beginsels van bewustheid-meditasie. Dit sluit in om op die huidige oomblik te fokus sonder om te oordeel of om afgelei te word deur vorige of toekomstige vrese.

Deur op die hier en nou te fokus, kan jy jou geestesgesondheid verbeter en stres verminder.

Jy kan hierdie vaardigheid oefen terwyl jy mediteer deur aandag te gee aan jou asemhaling. Moenie afgelei word deur te dink oor wat volgende gedoen moet word of om bekommerd te wees oor iets wat reeds gebeur het nie, en fokus net op elke in- en uitasem.

Verminder stres en angs

Dit is onmoontlik om die doeltreffendheid van bewustheidsmeditasie te oorbeklemtoon om stres en angs te verminder, aangesien dit 'n nuttige strategie is om geestesgesondheid te bestuur.

Deur die verstand te leer om op die huidige oomblik te fokus, help meditasie om hierdie ongemaklike gevoelens te verminder. Sonder kritiek of refleksie bevorder hierdie tegniek bewustheid en aanvaarding van ons idees en gevoelens. Mindfulness-meditasie, byvoorbeeld, laat jou toe om oorweldigende gevoelens van angs of onsekerheid oor 'n vinnig naderende werkprojeksperdatum te erken, terwyl jy jou aandag herfokus op dinge waaroor jy beheer het, soos jou asemhaling of ander liggaamlike sensasies, eerder as om nutteloos te word. bekommer

.

Wat is die geestesgesondheidsvoordele van selfbewustheid?

Verstaan die belangrikheid van selfbewustheid in geestesgesondheid.

Ons vermoë om ons emosionele snellers te herken en te verstaan hoe ons daarop reageer, word versterk deur selfbewustheid. Ons is beter in staat om ons emosies te beheer wanneer ons bang daarvoor is. Om ons emosies te bestuur en te vermy om te oorreageer , kan ons tegnieke soos diep asemhaling, meditasie of oefening gebruik.

Emosionele intelligensie en geestesgesondheid: 'n verslag

Geestesongesteldheid en emosionele intelligensie

Navorsing het emosionele intelligensie gekoppel aan geestesgesondheidsprobleme, veral angs en depressie. Daar is veral getoon dat emosionele intelligensie 'n verdediging teen baie siektes is.

Aangesien emosionele intelligensie help om potensiële stressors beter te verstaan, maak dit sin dat dit 'n immuniserende effek teen geestesongesteldheid het. Dit kan ongemaklike gevoelens van oorstimulasie verminder en angstige mense help om vinniger na 'n kalmer toestand terug te keer omdat die omgewing minder gevaarlik lyk.

Om jou gevoelens beter te kan erken, kan iemand met depressie help om moeilike situasies of verlies ten volle te hanteer. Gevolglik is die persoon later in die lewe beter in staat om te treur oor verlore vaardighede, doelwitte of verhoudings en kan die verlede werklik agter hulle sit.

Positiewe geestesgesondheid en emosionele intelligensie

Met betrekking tot die potensiaal van EQ om teen skadelike geestesongesteldheid te beskerm, blyk die verband tussen geestelike prestasie en positiewe geestesgesondheid swakker te wees. Daar is egter bewyse dat sommige komponente van emosionele intelligensie met groter welstand korreleer.

Maniere om stres te hanteer.

Wat doen jy wanneer 'n sperdatum verbygaan of jou motor onklaar raak? Moenie aanhoudende stresimptome ignoreer nie, want stres van enige aard, hetsy chronies, lig of ernstig, het skadelike uitwerking op die liggaam en gees. Daar sal onvermydelik moeilike tye in die lewe wees. Uiterste stres, veral wanneer dit gereeld voorkom, kan egter sy tol eis. Onder sulke chroniese stresvolle toestande kan die risiko van depressie en hartprobleme soos hartsiektes toeneem.

Herken waardeur jou liggaam gaan en ontwikkel eenvoudige strategieë om die negatiewe uitwerking van daaglikse eise te verreken.

Stres kom in twee verskillende vorme voor:

- Emosionele stres kan veroorsaak word deur verhoudingsprobleme, werksdruk, finansiële probleme, blootstelling aan rassisme of 'n groot lewensverandering.
- Fisies: Fisiese stres sluit in naarheid, siek wees, probleme om te slaap, herstel van 'n ongeluk, of probleme met alkohol of dwelms.

Veg of vlug

Skielike of langdurige stres aktiveer die senuweestelsel en veroorsaak die produksie van kortikale hormone en adrenalien, wat bloeddruk, hartklop en bloedsuiker verhoog. Hierdie veranderinge veroorsaak jou liggaam se veg-of-vlug-reaksie. Dit het ons voorouers gehelp om van sabeltandtiere te ontsnap en is steeds nuttig om teen gevare soos motorongelukke te beskerm. Die meeste van vandag se chroniese stres, soos finansiële swaarkry of 'n moeilike verhouding, hou egter jou liggaam in daardie verhoogde toestand wat jou gesondheid negatief beïnvloed.

gevolge van hoë stres

Die meeste van ons sal uiteindelik minder doeltreffend werk onder konstante stres. Omdat verskeie studies chroniese stres gekoppel het aan 'n verhoogde risiko van kardiovaskulêre siektes, beroerte, depressie, gewigstoename, demensie en selfs voortydige dood, is dit belangrik om die simptome van chroniese stres te herken.

- Langdurige swak slaap.
- Erge hoofpyn wat gereeld voorkom.
- Onredelike gewigstoename of -verlies.
- Gevoelens van waardeloosheid, belangeloosheid of isolasie.
- Konstante woede en vyandigheid.

- Verminderde motivering vir aktiwiteite.
- Konstante rusteloosheid of oormatige bekommernis.
- Oormatige gebruik van dwelms of alkohol.
- Moeilik om te fokus.

Wat beteken die term "positiewe sielkunde"?

Hoekom is positiewe sielkunde belangrik en waaroor gaan dit? Positiewe sielkunde is 'n praktiese benadering tot topprestasie en die wetenskaplike studie van menslike welstand. Dit word ook na verwys as die studie van die eienskappe en eienskappe wat die sukses van mense, groepe en organisasies ondersteun. Die Instituut vir Positiewe Sielkunde is die bron.

Wat beteken positiewe sielkunde vir geestesgesondheid?

Die verhouding tussen positiewe sielkunde en geestesgesondheid

Geluk, hoop, motivering, empatie en selfagting is sentrale idees van positiewe sielkunde wat menslike welstand direk verbeter (Schrank & Slade, 2007). Gekenmerk deur vreugde en 'n begeerte om op 'n manier op te tree wat vreugde en selftevredenheid verhoog.

Wat is drie voorbeelde van goeie geestesgesondheid?

- Voel in beheer van jou lewe en jou persoonlike keuses is 'n teken van goeie geestesgesondheid.
- Om die moeilikhede en druk van die lewe te kan hanteer.

- 'n Gesonde gemoedstoestand, soos B. die vermoë om aandag aan werk te gee.
- Het 'n positiewe uitkyk op die lewe in die algemeen; fisies goed voel
- Kry baie rus.

Hoe hou geestesgesondheid verband met geluk?

Oor die algemeen toon die studieresultate 'n omgekeerde verband tussen vlakke van geluk en erns van geestesgesondheid. Dit toon dat mense meer geneig is om 'n laer vlak van geluk te rapporteer as hulle hoër op die skaal vir sielkundige probleme behaal.

Wat beteken veerkragtigheid in geestesgesondheid?

Die vermoë om "terug te bons van teëspoed" is gebruik om veerkragtigheid te karakteriseer, 'n term wat algehele fisiese en geestelike gesondheid beskryf. Positiewe sielkunde het nog altyd klem gelê op 'n mens se vermoë om die lewe te geniet en 'n balans te vind tussen die strewe na sielkundige doelwitte en daaglikse aktiwiteite.

Wat is die vyf pilare van veerkragtigheid in geestesgesondheid?

In moeilike tye, verbind tot die vyf pilare van veerkragtigheid Selfbewustheid, bewustheid, selfversorging, gesonde verhoudings en vasberadenheid is die vyf pilare van veerkragtigheid.

Hoe verhoog jy jou geestelike krag?

Alhoewel verskillende dinge vir verskillende mense nuttig kan wees, probeer sommige van die volgende oplossings:

Groete. Om vriendelik met jouself te wees, kan jou in baie omstandighede help om beter te voel.

Doen moeite om te ontspan; Volg jou belangstellings en stokperdjies. tyd in die natuur deurbring.

Sorg vir jou fisiese welstand.

Wat is 'n kragverbinding?

Elke persoon in die verband vind baat by die sorg en aandag van ander, wat alle betrokkenes bevoordeel. 'n Gevoel van behoort en om te behoort is dikwels kenmerke van gesonde verhoudings. Laat ander voel dat hulle deur hulle geliefd is. Ondersteun die welstand van ander.

Watter soort verbinding sal as stimulant beskou word?

Tegnieke om die verhouding te handhaaf.

Doel is een van die mees algemene ouerskapgedrag in 'n verhouding. Al wat jy hoef te doen is om tyd vir jou maat te maak. Jy kan begin om afsprake te maak, gaan fliek, gaan stap, ens. Hierdie aktiwiteite bevorder die groei van nabyheid in jou verhouding.

Watter geestesiektes veroorsaak angs?

Algemene angsversteuring, insluitend paniekversteuring met of sonder spesifieke vreesfobies, agorafobie, sosiale angsversteuring, skeidingsangsversteuring en selektiewe stilte is van die verskillende vorme van angsversteuring .

Wat is die vier vorme van geestesongesteldheid en die vyf tipes angsversteurings?

Die vyf mees algemene kategorieë van angsversteurings is:
Angsversteurings wat behandel kan word, sluit in obsessief-kompulsiewe versteuring (OCD), paniekversteuring, 'n toestand bekend as posttraumatiese stresversteuring (PTSD), sosiale angsversteuring en die behandeling van angsversteuring.

Wat is die vier hanteringsmeganismes vir angs?

1. Voorbeelde van hanteringsmeganismes
2. Haal diep asem.
3. Groot spiergroepe is gespanne en ontspanne

(progressiewe spierverslapping)

4. Begeleide beelde of meditasie.

Wat is 'n gemoedsversteuring in terme van geestesgesondheid?

Jou emosionele toestand word grootliks beïnvloed deur die sielkundige probleem bekend as gemoedsversteuring. By pasiënte met gemoedsversteurings kan uiterste emosionele op- en afdraandes vir 'n lang tyd duur. Alhoewel daar baie tipes gemoedsversteurings is, is twee van die algemeenste bipolêre versteuring en depressie.

Wat maak depressie anders as ander gemoedsversteurings?

Jou energievlakke, kognitiewe funksionering (byvoorbeeld wedloop gedagtes of onoplettendheid), slaappatrone en eetgewoontes kan almal deur die simptome van 'n gemoedsversteuring beïnvloed word. Een van die tipiese simptome van depressie is om byna elke dag depressief te voel. Gebrek aan krag of gevoel uitgeput

Hoe herken jy depressie?

Verskillende mense word op verskillende maniere deur depressie geraak. In plaas van vreugde, hartseer of woede, kan jy gevoelloos of leeg voel. Soms kan depressie verskyn as woede of wanhoop. Klein probleme lyk skielik groot.

Hoe kan geestesgesondheidswerkers depressie herken?

Die sielkundige sal 'n persoon se houding en gedrag waarneem, gedetailleerde vrae vra oor die gerapporteerde simptome (bv.

Kan verlies en hartseer geestesongesteldheid veroorsaak?

Om 'n geliefde te verloor kan traumaties en diepgaande wees. Jy voel dalk dat jou daaglikse lewe nooit dieselfde sal wees tydens die rouproses nie, wat verwarrend kan wees.

Die meeste mense is uiteindelik in staat om hul verlies te aanvaar en terugkeer na die normale lewe. Elke pad na aanvaarding is uniek en sommige mense neem langer as ander om daar te kom. Die meeste mense voel uiteindelik die uitwerking van pyn op hul geestesgesondheid. Die simptome kan egter by sommige mense baie ernstiger wees as by ander.

Hoe is die geestesgesondheid van tieners?

Benewens depressie, is daar ander simptome van geestesversteurings by tieners. 'n Tiener se lewe kan op baie maniere geraak word. Tieners met geestesgesondheidskwessies kan sukkel met skool, besluite neem en hul fisiese gesondheid handhaaf.

Hoekom is adolessente geestesgesondheid belangrik?

Adolessent geestesgesondheid: hoekom is dit belangrik? | cmc

Tieners met geestesgesondheidsprobleme is meer kwesbaar vir gevaarlike seksuele aktiwiteit, wat kan lei tot onbeplande swangerskappe, MIV, SOI's en dwelmmisbruik, onder andere gedrags- en gesondheidsrisiko's. Die gevolge van swak geestesgesondheid duur voort tot in volwassenheid.

Watter geestelike eienskappe definieer adolessensie?

Puberteit is 'n tyd van intellektuele groei, insluitend 'n groter vermoë om abstrak te dink.

impulsbeheer.

Die kreatiwiteit.

Besluitneming en probleemoplossingsvermoë.

Hoe beïnvloed dit die geestelike welstand van volwassenes?

Dit beïnvloed ons houdings, gevoelens en optrede. Dit beïnvloed ook hoe ons stres hanteer, met ander kommunikeer en die regte besluite neem. Alle stadiums van die lewe, van kinderjare en adolessensie tot volwassenheid, is noodsaaklik vir die handhawing van geestesgesondheid.

Watter geestesiektes is algemeen in laat volwassenheid?

Seniors het dikwels geestesgesondheidsprobleme, insluitend demensie, psigose, gemoeds- en angsversteurings, en eensaamheid. Baie seniors ervaar slaap- en gedragsprobleme, kognitiewe agteruitgang of periodes van verwarring as gevolg van mediese toestande of chirurgie.

Hoe beïnvloed adolessente geestesgesondheid die volwasse lewe?

Wat hul geestesgesondheid as volwassenes betref, het kinders en adolessente met geestesgesondheidsprobleme oor die algemeen laer geestesgesondheid, lewenstevredenheid en algehele gesondheidsverwante lewenskwaliteit.

Wat is die verband tussen eensaamheid en isolasie?

Ongeag die vlak van sosiale interaksie, is eensaamheid die gevoel van alleen wees. Die gebrek aan sosiale verhoudings word sosiale isolasie genoem. Sommige mense kan eensaam voel as gevolg van sosiale isolasie, terwyl ander eensaam kan voel selfs al is hulle nie sosiaal geïsoleer nie.

Hoe hanteer jy isolasie en eensaamheid?

Hoe hanteer ek eensaamheid?

Vind uit hoe gemaklik jy in jou besigheid is.

Probeer om eerlik te wees met diegene wat jy ken.

Beweeg stadig.

nuwe verhoudings bou.

Moenie jouself met ander vergelyk nie.

Groete.

Kom meer te wete oor spraakterapie.

45